Franz Freisleder • Boarisch higriebn

kleine rosenheimer raritäten

Franz Freisleder

Boarisch higriebn
oder
Bayerisch Bescheid gesagt

Rosenheimer

Inhalt

So samma hoid (mir Bayern)
oder
So sind wir eben (wir Bayern)

So san s' hoid (de Preißn)
oder
So sind sie eben (die Norddeutschen)

Boarisch higriebn
oder
Bayerisch Bescheid gesagt

Die Politik, mei Liaba
oder
Die Politik hat es in sich

(Fast) as ganze Jahr is was los oder (Fast) das ganze Jahr über tut sich etwas

Um a Fünferl a Durchanand oder Vom Hundertsten ins Tausendste

Erinnern S' Eahna no? oder Erinnern Sie sich noch?

So samma hoid (mir Bayern)
oder
So sind wir eben (wir Bayern)

Fremde Küche

Sauerbraten in der Tunke,
Leibgericht von Frau Karsunke,
der kam immer auf die Platte,
wenn sie liebe Gäste hatte.
So auch bei der letzten Feier,
wo Herr Xaver Obermeier,
wohnhaft München-Ost (in Haar)
unter den Besuchern war.
Kaum stand auf dem Tisch der Schmaus,
rief der Xare plötzlich aus:
„Da schaug her, was mir heid griagn!
In da Soß, da schwimma Fliagn!"
Antwort: „Nee, det sin Rosinen.
Kennt man wohl nich, was, bei Ihnen?"
Er drauf: „Weinberl? Liaba Schiaba!
Da waarn mir ja Fliagn no liaba!"

Glaubensstärke

Da Huaba Sepp ist zwar katholisch,
doch is des bei eahm mehr symbolisch.
Er zählt si hoid zu dene Menna,
die ned grad gern in d' Kircha renna.
Bloß ab und zu amoi, ganz gschwind.
(Dann siechst'n bei de Roßdiab hint.)
Sei Glaubn is oiso ned ganz fest
– doch werd a's jedsmoi dann, vastehst,
wenn's losgeht mi'm Bekehrungsreign
am Wochenend: Jehovas Zeign
und Dschiesas Piepl und Mormonen
und Glatzköpf (aa aus fremdn Zonen),
die auf da Straß mit ihre Glockn
die Leit zum Konvertiern verlockn.
Da hert a zerscht a bißl zua,
dann denkt a si: „Ja mir waar's gnua!
Was d' da ois glaubn soitst – 's is zum Schiaßn!
Mir glangt scho des, was mir glaubn miassn.“

Ja mei

Da Bayer, des woaß ma,
der redt ned gern vui.
Speziell, wenn dazua kummt,
daß er aa ned wui.
Da gibts dann an Spruch,
in den legt a ois nei,
und der hoaßt „Ja mei".

Kummt oana spät hoam
und sei Frau geht in d' Luft:
„Wia kann ma den bloß
so lang ausbleim, du Schuft!",
laßt er si auf gar koa
Debatte ned ei
und sagt bloß: „Ja mei . . ."

Haun s' Bayern sechs Türl nei
und jammert wer drüber
bei oam, der ois Sechzger
für Bayern nix über
hat, zahnt der recht foisch,
und begnügt si dabei
mit am langa „Jahaa mei . . ."

Du gehst in dei Kohlngschäft,
bstellst Öl für dein Tank.
„Da Liter vierzg Pfenning",
hoaßts dort schlicht und schlank,
und du moanst voll Zorn,
des waar Preistreiberei,
kummt entrüstet: „Ja mei!"

Mei Verserl vor Augn,
denkt vielleicht wer beim Lesn:
„Der is aber aa
scho amoi besser gwesn.
Ja fallt denn dem Freisleder
nix mehr gscheits ei?"
Oiwei wieda – ja mei.

Gipfelgespräche

Die Woch war i am Herzogstand.
Da deans in Massn hintranand
vom Lift zum Gipfi hatschn.
Dabei herst d' Leit dann ratschn.
Du herst, sie san aus Großenbrode,
aus Köln, aus Krefeld, aus Walsrode.
Dazwischen glatt oa Ehepaar,
des offenbar aus München war.
Moant sie: „Jetz san wohl da herobn
um die Zeit bloß no die vo drobn."
Er drauf: „Des macht nix, Oide, kim,
waars bloß herobn so, waars ned schlimm:
wenn no so vui am Gipfi stenga,
woaßt doch, daß alle wieder genga . . ."

Mögn und ned mögn

Beim Redn ned vui Danz;
beim Schreibn ned vui Pflanz;
bei de Madln was dro,
daß ma higlanga ko;
und vorm Essn scho's Bier
– jawoi, des mögn mir!
A aufgrissns Mäu;
a extreme Bardei;
a Weißwurscht, a koide;
a bissige Oide;
und a Schlankheitsdiät
– naa des mögn ma ned!

Dialekt

Redt oana Dialekt,
san vui Leit glei verschreckt.
De Kinder werds verwehrt,
denn: Dialekt is gschert,
und laßt di du auf boarisch hern,
kannst niemals nicht was bessers wern.
Für Hochdeitsch halten s' „mitten mang"
und „klar Jungs", oder „hier gehts lang",
weil eahna imponiert,
wenn wer so schwadroniert.
Erscht wenn ois woaß, daß so a Mo
ganz gwieß aa hochdeitsch redn ko,
kriagt er am Dialekt an Schpaß.
Mir samma scho a seltne Raß.

Quadriga

Schauplatz: Schwabings Siegestor,
ein Münchner und ein Preiß davor.
Der Preuße spricht,
Spott im Gesicht:
„Ihr Bayern seid wohl immer noch so olle Kriega
mit immer feste druff und Heil dem Siega,
drum isse wieder oben, die Quadriga."
Nicht lange muß der Münchner da sinnieren,
und (möglichst) hochdeutsch tut er allsogleich dozieren:
„Du büst oin Preuße, also würst du nie ergründen,
was wir als Bayern dadabei empfünden:
oin schönes Gschpann tut unsern Goist erhöben,
ganz gloich, ob Rösser ziehen oder Löben.
Wer denkt, wir denken Krieg
und denken Sieg,
schaun wir auf düsen Karrn,
denkt oinen Schmarrn!"

Letzte Stund

Heit deans ois antiseptisch regln,
aa d'letzte Stund, as Nübersegln.
Schreibt doch die Tag gar a Professa,
mit Hasch, da gang die Gschicht no bessa.
I bin sonst ned so für Verwandte
– doch da halt i's mit meiner Tante:
Todkrank war s', ohne Hoffnungsschimmer.
Da kummt die Schwester in ihr Zimmer
und duad sie an ihr Bett hisitzn
und moant: „Jetz nehma S' no a Spritzn."
Drauf sagt mei Tante unverdorbn:
„Koa Spritzn, Schwester, jetz werd gstorbn."
Die war hoid no vom oidn Schlag!
Und kummt amoi mei letzter Tag,
und steht da Gangerl vor da Tür,
dann wünsch i ma die Kraft von ihr.

So san s' hoid (de Preißn)
oder
So sind sie eben (die Norddeutschen)

„Münchner“ Bürgerinitiativen

A Student aus Ochtersum
hoit uns allesamt für dumm.
Wurscht waar's, waar er ned versessn
drauf, für unsere Interessn
si mordsmäßig z' angaschiern,
weil mir selber ned kapiern
– moant a – wia ma sowas macht.
(Was draus werad oft – guat Nacht!)
Solche Burschn gibt's fei mehra:
spuin si auf ois unsre Lehra,
und ihr Schlachtruf: Aggressive
Bürgerinitiative!
Hört's so oan redn, Leit, denkt's aa dro:
der geht boid wieder – ihr bleibts do!

Kritik von „droben“

Norddeitsche Zeitungsleit,
die macha uns die Freid
und haun auf München los
und kritisiern ganz groß.

Fazit: die Leit da leidn,
drum muaß ma München meidn.
Und Heilung von der Sucht
verspricht bloß oans: die Flucht.

Schreibts bittschön nur so zua
– mir san uns längst vui gnua!
(Doch – is des ned zum Woana? –
glaubn werd aa dene koana.)

Trachtenanzug

Du, des kann da fei passiern,
(braucht di aber ned scheniern):
Kimmst wo hi und muaßt dort steh,
Sekt gibts und a koids Büffee,
„Prösterchen“ sagt grad a Mo,
hat an Trachtenanzug o.
Und da ander, waar ja glacht,
selbstverständli aa in Tracht,
sagt drauf: „Sehr zum Wohl Herr Krause
– übrijens, wie jehts zu Hause?“
Gar ned lang, dann sans zu viert:
ois in Grau, grea paspoliert.
Gehst schnell naus, kummst wieder zruck
– sans scho zwanzg im „Munich-Look“!
Bloß oana is im blauen Anzug bei der Feier.
Und des, mei liaba Freind, bist du – da Bayer.

Ei und Oa

Die Adelheid am Isarstrand
is mit am Herrn aus Kiel bekannt.
Und der findts oiwei bsonders nett,
wenn sie mit eahm recht boarisch redt.
Er mechts aa selber gern probiern,
doch sie moant: „Des muaßt erst studiern!
Paß auf: Statt Ei heißts bei uns Oa,
statt eins und zwei heißts oans und zwoa
und heißt, des heißt bei uns dann hoaßt,
und weißt du, heißt ganz einfach woaßt."
Da Kieler denkt si: „Wunderbar,
jetzt ist mir alles sonnenklar!"
Und schreibt ois Lohn fürn Unterricht
da Heidi folgendes Gedicht:
„Hoadi! Moane Loadenschaft
loaht mir Mut und loaht mir Kraft:
auf die Stoalwand stoag ich loas,
roaß dir ab oan Edelwoaß.
Stürz ich, tu ich Dir dann load,
hoaßgeliebte Adelhoad?"

Nota bene:
Kummts aa am Kieler komisch voa
– ned jedes Ei werd glei zum Oa.

Boarisch higriebn
oder
Bayerisch Bescheid gesagt

Fortschritt im Backofen

In jeder Straß, an jedm Eck aa
– wos d' higschaugt hast, da war a Becka.
Grennt san die Stift, ihr Kirm am Buckl,
mit Mauraloawi, Pfenningmuckl,
mit Kaisersemmin, Eierweckerl
und tausnd raffinierte Geckerl.
In jedem Lad'n fünf Sortn Brot.
An Auswahl war da gwiß koa Not.
Jetzt wern de Becka wene
– boid san s' vielleicht no zehne.
Im Kunstblock, neba 'm English House
– a so wo stelln s' ihr War' dann aus:
Brezn aus da Boutique,
so vier, fünf Mark as Stück.
Und wer si des net leist'n ko,
der stellt si hoid im Großmarkt o.
Da gibt's dann anstatt Remische
bloß mehr oa Sort'n: Chemische . . .

Echte Landgasthäuser

Des is „in“ heit: Landgasthaus,
ned zu weit vor München drauß,
recht a rustikaler Nama,
Kummet san dort Spiaglrahma,
wennst an Platz kriagst, hast a Maßl,
Bleamin blüahn im Butterfaßl
oder in zerrupfte Kirm,
Bauernwiagn san Lampnschirm
und da heilig Nepomuk,
indirekt beleicht, ois Schmuck,
zoagt da, daß da Wirt ganz gwiß
ungemein katholisch is.
Da hoaßts für an echtn Bayern:
Obacht gebn! Und bloß dort feiern
– weil, sonst kaamast ja in' Woid –
wenn a Preiß dei Rechnung zoid.

Stadtviertelsanierung

Wo is a denn, da Brezn-Beck?
Wo is a denn, da Wirt vom Eck?
Furt sans oi zwoa, 's pressiert:
ihr Viertl werd saniert.

Wo is denn unser Millifrau?
Und wo da Metzger Ochsenschlau?
Aaa die san furt, 's pressiert:
as Viertl werd saniert.

Wo is denn d' Kastlin mit ihrm Mo?
(As Türschuid war vierzg Jahr lang dro.)
Furt, auszogn, es pressiert:
as Viertl werd saniert.

Und gehst vorbei an eahnam Haus,
schaung Türken zu de Fenster raus.
Des Gschäft hat si rentiert:
da Hausherr is saniert.

Bayrisch-Kurse

„Da Dialekt is wieder gfragt",
liest ma jetz oft. Und oft werd's gsagt.
Da Trend, hoaßts, gang zur Zeit ganz heftig
in Richtung urig, Richtung deftig.
Da letzte Schrei bei dera Gschicht:
Sprachkurse, Boarisch-Unterricht.
Doch denkt wer: „Ick zahl fuffzich Eier
und sprech dann wie'n echter Bayer",
na muaß i den jetz schnell kuriern
und notfalls aa dabei frustriern:
A Boarisch-Kurs is Privileg!
Da gibts koan „Zwoatn Buidungsweg".
Gebn duad den Kurs a Lehrerin.
Ned oane in am Schulhaus drin,
wo bloß no hoib so groß da Gschpaß.
Dei Lehrerin, des is dei Straß!
Und wars in deiner Kinderzeit
von deiner Straß nach München weit,
na huift dir heit aa koa Professa.
Laß bleibn – des is für alle bessa.

Badewasser

So manches oide Bauernwei
halt's Baden für a Sauerei.
Mir lacha drüber unbeschwert
und halten uns für aufgeklärt
– bis uns an unsre Hax'n
die Schwammerl aussiwachs'n.
Ganz wurscht, wo i zum Schwimma geh,
ob Freibad, Isar oder See,
naa, wirkli, nirgends stehts dafür.
Es is ois oans: a Kot – d' azur!

Wohnen 1980

Am Stachus treffa si zwoa Menna,
die si schon von da Schui her kenna.
„Mensch Max" – „Mensch Kare!" – „So a Freid!"
– „. . . seit zwanzg Jahr nimma gsehng bis heit!"
Wia s' ratschn die zwoa mitanander,
fragt interessiert den oan da ander:
„In welcham Vorort wohnst jetzt drauß,
daß i di bsuacha ko, oids Haus?"
„I wohn herinna in da Stadt",
sagt drauf da Karl. Da Max is platt:
„Ja hast denn du a Erbschaft gmacht?
Bist Millionär worn über Nacht?
Sonst kann si doch des neamds mehr leistn!"
Da Karl: „Ja, ja – des glaubn die meistn.
Doch gibts oan Ausweg, Gott sei Dank:
Hausmoasta wern in ara Bank!"

Geben und Nehmen

Bloß weils das du bist,
mag di no koana.
Bloß weils das du bist,
da kummt ned oana,
der nach dir fragt
– wenn er's aa sagt.

Hast nix zum Gebn,
weder Geld, Kraft no Gfui,
hast nix zum Gebn,
na bist boid jedm z'vui.
's werd bloß investiert,
dort, wo si's rentiert.

Bloß weils das du bist,
sollns alle sausn,
bloß weils das du bist?
Laß doch die Flausn!
Und frag di, bei wem
daadst du's – bloß zwengs dem?

Nie zufrieden

Is a achde, denkt a, waar i zehne,
nacha werad i eahm Herr, am Bene.
Und er kannt mi nacha nimma schlang,
und er miassat si mit mir vertrang.

Is a fuchzehn und scho in da Lehr,
siecht sein Gselln mit Anhang, denkt a: der
ist a Hund und steigt scho mit am Madl,
und i selber steig bloß auf mei Radl.

Is a dreißge, siecht a Inserat:
Einfamilienhaus, am Woidrand, staad . . .
denkt a si dabei, so wia die meistn:
Waar i vierzge, kannt i ma's scho leistn.

Is a fuchzge, sagt a zu de Leit:
„Zwanzg Jahr jünger und so gscheit wia heit
– da daad i fei manches anders macha."
Und die Junga horcha zua und lacha.

Is a siebzge und scho ganz schee miad,
und sie spuin im Radio grad des Liad
„No amoi a kloana Lausbua sei",
nickt a staad dazua und denkt: O mei . . .

Strukturwandel

Boid werst koa mehr sehng,
die des macha meng:
oam was z' essn richtn,
dir an Hahn abdichtn,
liefern, transportiern,
Schuahwerk repariern,
unsre Straßn kehrn,
d' Aschntonna leern.
Doch Leit, die so Zeitn
soziologisch deitn
mit Bravour,
kriagn ma gnua!

Reich

A Arma hat an Reichn gfragt,
wia's geht, as reich wern. Der hat gsagt:
„Des is so einfach ned. Ja mei
– zerscht muaß ma zwanzg Jahr knickert sei . . ."
„Und nacha? Kannst koan Rat ned gebn?"
„Na bleibt ma 's sowieso sei Lebn."
Ebn.

Moderne Kaufhausarchitektur

Sie arbat in koam Bergwerk,
sie arbat in koam Keller,
sie steht im neia Kaufhaus
– doch is' da drin ned heller.

Koan Blick auf d'Straß, zum Himmi nauf.
Vom Herbst bis zum Aprui:
im Finstern nei – ins Finstre raus.
Des is vielleicht a Gschbui!

Und wenn aa 's Kaufhaus-Personal
im Neon-Liacht vabliaht
– da Architekt had Grund zum Stolz:
sein Bau, den ham s' prämiiert.

Biedermänner

Fangt wer o, ganz leger:
„Leidl, herts amoi her!"
– bei am soichan paßts auf,
leicht zahlts sonst am End drauf.
Wer dahintersteckt
hinterm Dialekt, is oft a Vazinkter,
auf Biedermann Geschminkter
und hat bloß oa Zui:
daß ihr deads, was er wui.

Die Politik, mei Liaba . . .
oder
Die Politik hat es in sich

Städtische Finanznot

Da Kämm'rer jammert: „Gottogott,
in a paar Jahr samma bankrott!"
Da Stadt geht nämli 's Puiver aus.
Nix kann s' mehr baun: koa Krankenhaus,
koa Schui ned und koan U-Bahn-Schacht
und aa koa Wohnung mehr – guat Nacht!

Was duad die öffentliche Hand
in so am Foi in Stadt (und Land)?
Sie greift sofort in unsre Taschn.
Und ihre Griff, di ham sie gwaschn!
Drum miassn mir mit scharfe Augn
der Hand auf ihre Finger schaugn.

Gibts bei da Stadt doch manche Postn,
die ned sei miaßtn, die bloß kostn.
Mehr Direktorn ois wia Inspekta
– duad so a Gschäftsmo, na verreckt a.
Kurzum: es derf ned soweit kemma,
daß' d' *Selbstverwaltung* wörtlich nemma!

Nixon bei Mao

Am Obermeier Max sei Bibl,
is seit a paar Jahr d' Mao-Fibl.
Sei wuida Bart, sei Mao-Zeichn
am Sackl dro – des schreckt die Reichn.
Beim Demonstriern und beim Go-in,
da schreit a lauthois „Hodschiminn!"
An Vogel Hansi, den Faschistn,
hat er auf seiner Abschuß-Listn
und is deszweng (wenn aa voll Zorn)
sogar a SPDler worn.
Doch jetzt versteht a d' Welt fei nimmer.
Da Mao, moant a, waar no schlimmer
ois wie da Vogel und da Strauß:
druckt der dem Kerl vom Weißn Haus,
dem Nixon, Hergottsackerament,
doch glatt die Hand glei mit zwoa Händ!
Max über Mao: „Roter Reißer?
Koa Spur! A liberaler Scheißer!"

Frommer Bürgerwunsch

Den Lärm und den Gstank hoit i boid nimmer aus,
drum müassn die Auto jetz aus da Stadt naus!
Doch fahr i dann selber in d' Stadt mit meim Karrn,
na halt i scho d' Halteverbot' für an Schmarrn.
Vui Wohnraum im Zentrum, die Mietn sozial
– so muaß wieder kumma, des waar ideal!
Doch hoaßt des mehr Steiern, muaß i mehra zahln,
na kennts Ihr Eich Eire Sozialbautn maln!
As Wachstum ghert bremst, d' Industrie kennt koa Halt!
Doch ghert sa si aa, daß ma mir mehra zahlt.

Sie moana, des geht ned ois unter oan Huat?
Ja Sìe waarn scho guat!

Bedeutungswandel

Bis vor vier Jahr no – des is gwiß –
wennst gfragt hast, was a Sozi is,
da war bei jedm Kind parat:
„A Sozialdemokrat."
Die Tag, da hab i wieder gfragt.
An kloana Buam. Der hat drauf gsagt
(und hat koa Miene ned verzogn):
„Des san Soziologn."

Unser Geld

Was' mit unsrer Währung macha,
san so komplizierte Sacha,
daß sogar die Herrn Experten
uneins san, wenn sie's bewerten.
Durchschaugn kannst ois Laie nimmer.
Klar is bloß des Oane immer:
Es geht unsere Moneten
oiwei mehr wie dem Propheten:
drauß hoch ogsehgn, heiß begehrt
– doch im eigna Land nix wert!

Finsterer Wahlkampf

„In da Nacht um viere
gemma umanand,
Messer in da Taschn,
Farbtopf in da Hand,
mit am großn Pinsl
und am Haferl Papp,
und dann schnei'n und reiß ma
unsre Gegner ab.
Oder pappn einfach
unsre Freind schnell drauf.
Des is glei no besser
und hoit' ned so auf.
Und na kriagt an Schnauzbart
da Franz Josef Strauß,
und da Brandt an Spitzbart,
dann kennt ma si aus!
Oamoi Hammer, Sichl,
oamoi Haknkreiz,
– san bloß a paar Strichl,
gschwind geht's und uns gfreits!"
Wer jetzt angaschiert is,
huift mit Herz und Kopf
– wer im Kopf nix drin hat,
hoid mit Farb und Topf!

Immer dabei

Oiwei dabei, wo d'Musi spuit:
Ois Bua, da hat a si schon gfuit,
hat kommandiert den Jungzug drei.
Kaum war da braune Spuk vorbei,
hat er sei Kraft de Amis glieha,
beim GYA, ois Umerzieha.
A paar Jahr später taucht sei Belle
scho munter aus da Apo-Welle;
er is bei dene stark beteiligt,
für die da Zweck die Mittl heiligt.
Zur Zeit guit bei eahm unbestrittn:
„Was links is, des vadirbt de Sittn."
Er gibt si stink-konservativ.
Naa, gscheit is der ned – aba wief!

Panik bei Elternversammlungen

D' Eltern solln mehr mitbestimma
in da Schui – doch derfa s' nimma
si im Turnsaal drin versammeln.
Den muaß 's Rektorat verrammeln.
„Schuin mit Aula drin, zum Feiern,
hat ma hoid ned baut in Bayern,
drum müaßts eich auf d' Straß nausstelln,
wollts an Elternbeirat wähln."
Des is neierdings die Haltung
drin im Amt für Kreisverwaltung.
Irgendoana is drauf kemma,
und der laßt si des ned nehma:
's hat seit Heinerich, dem Lewn,
in koam Turnsaal Panik gebn,
drum droht oane umso mehra
in da Kronawitter-Ära!

Mitbestimmung

Manches waar für uns oft schlimmer,
derfad ma ned mitbestimma.
Besser ois wia blind vertraun,
is, de Leit auf d' Finger schaun.
Doch stell i mir dann so vor,
i hätt, sagn ma, an Tumor,
und es werad mir bloß besser,
kaam i schnurstraks unters Messer,
a Professa wagt die Tat,
aber a Patienten-Rat
redt eahm drei beim Operiern
– des daad mi scheniern.

Wahltag

Erstens: Bleibt's ma ned dahoam!
Zwoatens: Geht's ned aufn Loam
dene, die ned reformieren woin,
sondern, die glei revoltiern woin.
Drittens: Herts ned auf die Menna,
die im Geist no oiwei renna,
wo s' mim Ade scho marschiert san
(weil an dem ned gnua krepiert san!)
Laßt's die ganzn Extremistn
rechts und links liegn auf da Listn!
Waarn die Briada an da Macht
– dann guat Nacht!

Juso-Träume

„Mir kumma jetz zu Antrag acht
(wenn der ned durchgang – waar ja glacht):
München, des braucht auf jedn Foi
im Osten a Marx-Zwoa-Denkmoi;
des weitern gibts, ois nexte Neiheit,
im Norden d'Hodschiminchner Freiheit;
im Zentrum springt die Konen-Katz
künftig zum Maorienplatz;
suacht wer Erholung, auf den warten
die scheena Weg im Engels-Garten.
Wer stimmt dagegn? Den wähln ma naus!"
Wenn's so kummt, wander i fei aus.

(Fast) as ganze Jahr is was los
oder
(Fast) das ganze Jahr über tut sich etwas

Getrübtes Ballvergnügen

Prinzenpaar san zwoa Berserker:
Mikrophon und Lautverstärker.

Die san nimma zum dapackn,
ham statt Schalk bloß Schall im Nackn.

Mechst di zünftig unterhaltn,
dean sa sie dazwischnschaltn.

Nach'ra halben Stund bist heiser,
doch die zwoa, die wern ned leiser.

Du muaßt nachgebn und werst staad
– und 's werd faad!

Prinzeninflation

Ob du „Juhu!“ schreist, ob „o Graus!“,
je nach da Seelenlage:
Im Januar bricht da Fasching aus,
die Zeit der tollen Tage.

Doch weil's so toll gar nimmer war,
wui ma den Fasching rettn.
Probierts desweng in jedm Jahr
mit no mehr Tollitätn!

Wenn's nach der Zahl der Prinzen gang,
die den Humor verwaltn,
dann kannt ma uns zwoa Monat lang
vor lacha nimmer haltn!

Frühlingsblumen

Jetz is a wieder da, der März!
Schneeflöckerl falln bloß no zum Scherz,
da Schwärmer schnuppert in da Luft
begeistert Hyazinthnduft,
vo weitem riacht ma scho de Lokus',
beim „Harmlos“ blüahn de erstn Krokus',
Tulpn im zellophanan Gwandl
kannst ham an jedm Blumastandl.
Doch's scheenste Bleami für an Zecher,
is um die Zeit da Märzenbecher:
nadirli ned da Blumenstock,
sondern da Kruag mit Doppelbock!

Nächtliches Rätsel

Zur Starkbierzeit, scho spät am Abnd:
da Himmi dunklblau,
und bloß a blasse, gelbe Scheibn
hängt owa über d' Au.

Da kumma zwoa vom Nockherberg,
schee an da Wand entlang.
As Bier muaß sackrisch guat gwen sei:
du kennst as an ihrm Gang.
„He, Sie, Herr Nachba", fragt da oa,
„des, was da drobn jetz thront,
is des denn pfeigrad d' Sunna scho,
oder doch no da Mond?

I selber kenn mi nimma aus,
i hab a weng z' vui gstemmt."
Da ander drauf: „Wat weeß denn ick?
Ick bin doch hier janz fremd!"

Osterfreuden

Für'n Schorsche und für'n Kare,
da war bloß oans des Wahre:
si vor de Freinderl broozn
mit möglichst lange Zoozn.
Die Tag – ois waar's ganz schnurz –
sagns' zum Friseur: „Heit kurz!
Und hint fei aa ois runter!"
Und san dabei ganz munter.
Da Moasta, den's zwar gfreit,
fragt doch: „Duad's eich ned leid?"
„Naa", sagns', „uns hat die Wocha
da Vatta fest vaschprocha:
‚Schaugt's nimmer aus wia Madl,
na kriagt's auf Ostern Radl!'
Da geht's uns jetz auf d' Haar ned zamm,
denn wenn ma unsre Radl ham,
na deama'n Babba flaxn
– und lassns' wieder wachsn."

Osterbeichte

Da Sepp, wenn er 's Jahr über 's Kirchgeh aa scheicht:
an Ostern, da geht er no oiwei zur Beicht.
Und wia's hoid so is na: beim sechstn Gebot,
werd eahm die Gschicht peinlich, er stottert, werd rot.
„Jetzt sagn S' no wia oft . . ., macht da Pfarrer
eahm Schneid,
da Sepp aber moant bloß: „Es duad ma recht leid,
i trau ma's ned sagn, wia oft i des hab do
– sonst kreidn ma Sie aa die Prahlsucht no o!"

Maikäfer

Wißts as no: im Frühjahr, Leit,
da war unser höchste Freid,
mit de Prügl oder Stanga
de Maikäfer fanga.

Und da san dann Buam rumgrennt,
(jeder hat an soichan kennt),
die ham, hast a Fünferl gschmissn,
so am Viech an Kopf abbissn.

So a Raß, die wo des fraaß
– ob für Geld, ob grad aus Gspaß –
die gibts gwiß aa heit no immer.
Bloß Maikäfer nimmer.

Flohmarkt

Hast am oidn Graffi Spaß,
nacha gehst in d'Blumenstraß,
wo ab Samstag jeder Mo
frei sei Glump vakaffa ko.
„Koane Tandler, koane Profi",
sagt si mancher, „du, da hoff i,
daß doch manchmoi unterm Schund
si versteckt da große Fund."
Und er denkt scho, wiara Kind,
daß a dort an Spitzweg findt.
Doch am Flohmarkt, da is' ebn
grad a so wia sonst im Lebn.
Meistns geht's doch da drauf naus:
suachst an Floh, findst bloß a Laus.

Sommerregen

Ham Sie des aa so gern megn:
in am warma Gwitterregn
barfuaß auf da Schtraß rum renna
(koana hat mi hoitn kenna!)
und im Baaz von Wasserlacha
mit de Zehan Schtauwehr macha?
I gib zua, klingt's aa verruckt,
daß' mi heid no manchmoi druckt,
daß i's heid no gern probierat
– wenn i mi ned so schenierat.

Zu heiß

Wenn's a Sommerhitz hat, Leit,
is mei allergrößte Freid,
zuaschaung, wia die andern schwitzn,
untara Kastanie sitzn,
mit am Maßkruag auf'm Tisch,
oder schwimma wiara Fisch,
oder – des is aa recht schee –
zuzzeln an am Eiskaffee.
Bloß des oane, Sie wern lacha,
hab i gstricha: Verserl macha!

Urlaubsende

„Jetz habts mi na gern!
I kons nimma hern,
des Prego und Niente
und Bluatstschinquatschente.“

So grantlt da Bäda
in Rosabineda,
und – wett ma – na foid
gleich da Boarische Woid:

„Ma is scho a Blädl.
Dort soichtane Knedl,
und billig as Essn,
und doda des Fressn!“

Doch nexts Jahr im Summa,
des siech i scho kumma,
so wia ma den kenna
– gehts wieda zum Brenna.

Und haltsts eahm dann vor
die Sprüch von vorigs Johr,
bedauert da Bäda:
„S is hoid zwengsm Weda.“

Schenkkellners Traum

A Schenkkellner hat vom Oktoberfest draamt:
die Wies'n war rundum mit Autos eigsaamt
und Parkplätz hat's gebn in da Näh – riesengroß!
Und drin in seim Bierzelt war allerhand los.
Die Leit ham si dicht an sein Schanktisch hidruckt,
und kaum war a Spritzer im Kruag, ham s' scho zuckt.
Gschrian hat jeder: „Glangt scho, den Rest kannst da sparn
– i muaß ja danach no mim Auto hoamfahrn!"
Des waar da a Gschäft worn no in dera Nacht!
Doch hat nach drei Kriag vor seim Haus drauß was kracht.
Zerscht hat a eahm gstunga, doch bald denkt a froh
I woaß ja – schlecht eischenga konn i aa so . . .

Jedes Jahr die gleiche Leier
– und so werd 's aa wieder heier:
„Auf da Wies'n ois so teier",
grantlt Huaber, grantlt Meier.
Doch wenn s' losgeht dann, die Feier,
sauft so oana oft für drei aa,
schbeibt ned seltn wiara Reiher.
Jedes Jahr die gleiche Leier ...

Wies'npreise

(Klagelied eines Münchner Lokalredakteurs)

Jeds Jahr schreim d'Leit uns voller Zorn:
„Scho wieder is ois deira worn:
as Karussellfahrn, d'Hendln, 's Bier.
So ausgschaamt warn s' da drauß no nia!
Ja wia sa si nur ned scheniern!
Da muaß si d'Zeitung amoi rührn!"
Doch rührt si d'Zeitung no a so
– drauß schaugt koa Mensch as Markl o!
Drum san die Wirt (und aa die Brauer)
z'letzt bloß auf d'Zeitungsleit recht sauer.
Sie sagn: „Schaugts her, für unsre Gäst
is d'Wiesn nach wia vor *des* Fest!
Grad ihr deads jeds Jahr mit uns raffa,
damit d'Leit eier Blattl kaffa!"
Wem des so fünf-, sechsmoi passiert,
der is – wia sagt ma heid? – frustriert:
durch d' Leit, weils' trotzdem zahln und renna,
durch d'Wirt, weil s' oan so arg vakenna.
Verbittert geht a (naa, ned hoam)
– auf d'Wiesn naus zum Owischwoam.

November

November trist, November grau
– für vui Leit hoaßt des: Stimmung mau.
Mir gfallts in da Novemberzeit:
koa Wiesn mehr, Fasching no weit;
die Urlaubskoffer drobn am Schrank
(wennst naufschaugst, denkst da „Gott sei Dank"):
machst in da Stadt an kloana Bumml,
spürst aa no nix vom Weihnachtsrumml;
fahrst schnell nach Schliersee zum Kaffee,
herst koan mehr „Olle" plärrn und „nee";
und gondelst' d' Autobahn dann hoam
am Sonntag – kaum begegnest oam.
Sagn Sie ned aa, daß des famos is:
a Zeit, in der amoi nix los is?

Winterromantik

Mir duads oiwei weh,
wenns Schnee über Schnee
auf d' Straß owaschneibt,
der doch ned liegnbleibt.
Die Flockerln, die arma,
sie dean mi dabarma:
Kaum liegns auf am Platz,
gherns aa schon da Katz.
De Stinkkarrn san schuid!
Des macht mi ganz wuid!
De Stinkkarrn, ganz klar!
(Wia i aa oan fahr.)
Und bist drin verstaut,
wenns draußn recht saut,
und spuins dann fürs Gmüat
im Radio a Liad
vom Schnee und vom Woid,
na denkt ma si hoid:
„Mir duads owei weh ..."
Doch des is ois Schmäh.

Christkindlmarkt

„Derf denn des sei: Kartoffeschäler –
dee lassns zua! An krassan Fehler
kann i mir gar ned denga!
Wer mecht denn sowas schenga?
Am Christkindlmarkt, naa, da kaff e
doch ned so a Zeigs, so a Graffe!
I mechats ned gschenkt!
De ghern doch glei gehenkt!"
Wia i so dahigrantln dua,
da geht zu dem Standl a Bua
und kratzt seine Zehnerl brav zamma
und kafft oan zum Fest für sei Mamma.
Dann nimmt er'n ganz sacht,
ois waar des a Pracht-
stück vom Thomas am Eck
– und scho is a weg.
Warn doch koa Fehler,
de Kartoffeschäler.

Weihnachtlicher Konsumverzicht

Mir hängt's scho zum Hois raus,
so meckert da Bene,
des Gspui mit'm Christkind
und mit de drei Kene.
Der Zwang, daß d' was schenkst
und der Zwang zum Konsum
werd mir einfach z' dumm!
I wui nix und schenk nix. Was soll des zum Christ-
fest? Schließli bin i no a Idealist!
Guad sei bloß an Weihnachtn,
ned 's ganze Jahr
– mir stelln si da d' Haar!
An Ski-Urlaub macha,
des wer i zum Fest.
Und d' Eltern, die kenna si
's Gschenk sparn, verstehst.
Und für mein Verzicht wui i
nix ois den Gfoin
– daß' 'n Ski-Urlaub zoin.

Geschenke

Oiso, wenn i's eich sag:
i hab wirkli die Tag
an Erwachsana troffa,
stocknüachtern, ned bsoffa,
durch und durch ganz vernünftig,
sogar ausgschprocha zünftig,
und der hat, 's duad ma leid,
si auf Weihnachtn gfreit.
Auf mei Frag: „Guada Mo,
sag, wia stellst du des o?",
lacht und sagt a: „Kapierst,
i schenk nix, wo i miaßt,
i schenk bloß, wo's mi gfreit,
weil mi dann aa nix reit.
Daadns alle so macha,
kanntns aa wieder lacha."
Ja nacha . . .

Thomasnacht

Am End vom Jahr is Thomasnacht.
Da traamst, hoaßts, was die Zukunft macht.
Gib i aa ned vui drauf,
den Traum schreib i doch auf:
Am Stachus stenga Leit beinand,
im Dirndlkleid, im Trachtngwand.
I kenn koan, fühl mi ganz alloa.
Ma schreibt as Jahr zwoatausndzwoa.
Die Leit, die schaugn si o, bleibn stumm
und gebn dabei a Blattl rum.
Aufs Blattl war was auffidruckt,
doch d' Leit ham mit da Achsl zuckt,
denn von de ganzn Fraun und Menna,
da hats ned oana lesn kenna.
Sie werfas weg und i hebs auf:
da war a boarischs Verserl drauf.

Um a Fünferl a Durchanand
oder
Vom Hundertsten ins Tausendste

Sterbn

Wennst mehra host,
ois' Eigrabn kost,
na kannst ruhig sterbn,
denn Deine Erbn
wern, wenn s' gnua findn,
aa des verwindn.

Nur ein Pfennig

Bloß an Pfenning wenn i jedsmoi kriagat,
wenn im Landtag drinna oana liagat,
wenn am Mittlern Ring mi oana schnupfat,
wo mei Tacho eh auf siebzg scho hupfat,
oder wenn si 's Wetteramt verhauat,
von schee Wetter redat und es sauat,
wenn an Handwerker beim Wort wer nahmat,
daß a kimmt zu eahm und er ned kaamat,
wenn a Wies'nkellner si nix dengat
und a Hoibe statt a Maß eischengat
– bloß an Pfenning mecht i jedsmoi ham,
da bracht i a ganz scheens Gerschtl zamm.
(Doch was helfats, wenn i mir's ausmalat,
wo ma doch koa Mensch an Pfenning zahlat.)

Gewußt, wer

Da Droschkenfahrer Heindl Maxe
kutschiert an Fremdn mit seim Taxe.
Da Fahrgast findt die Stadt recht schee,
sicht linker Hand a Denkmoi steh
und mecht gern wissn, wer des is.
Da Fahrer, denkt a, woaß des gwiß.
Und wirkli, er braucht ned vui fragn,
da Maxe zoagt si glei beschlagn:
„Mi interessiert zwar so was wenig
– irgend a Herrscher oder Kenig.
Mir Münchner deans hoid, seit mas kenna,
ganz einfach Schiller-Denkmoi nenna."

Erholsames Fleckerl

Gell, Sie ham aa koa Verlanga
nach de langa Autoschlanga,
die oam 's Wegfahrn scho vermiesn,
die beim Hoamfahrn oan verdrießn.
Macha Sie's doch so wia i,
fahrn S' amoi woanders hi!
I woaß beispuisweis a Straß',
da macht's Autofahrn no Spaß:
Bäum am Weg und d' Luft so gsund!
Brauchst ned länger ois a Stund,
dann bist in am kloana Nest,
wo a Wirtshaus steht, vastehst.
Und des Wirtshaus hat an Gartn,
wo s' auf d' Gäst no wirkli wartn.
Und da Wirt, der schlacht' no selber
seine Ochsn, Säu und Kälber.
D' Wirtin is a Koch-Genie,
was die bringt – zu dem sagst „Sie".
Zum Kaffee gibts dort an Kuacha,
nach am soichan muaßt lang suacha!
Glei danebn is Woid, san Wiesn
– die kannst ganz alloa genießn,
weil da dort (ned bloß wenn's rengt)
stundenlang koa Mensch begengt.
Wo des is, soll i jetz schreibn?
Naa – dort soll's no lang so bleibn!

Ausflugslokale

Fahrst am Sonntag wo naus,
weil's hoid scheener is drauß,
hockst di irgendwo nei,
oana fragt: „Was derf's sei?",
und sagst dann: „Bringa s' mir
zerscht amoi a Maß Bier!",
Doch der Kerl is verschwundn
für oanahoib Stundn,
und a Cola, des bringt a da
– na stinkt a da.

Werbefunk

Draamt hat ma, es is in da Nacht oana kumma
und hat ma mei oanzige Hosn weggnumma
und hat ma s' – dabei hat a recht dreckat glacht –
so nach a vier Wocha rum erscht wiederbracht.
Und i hab dem Kerl ned amoi oane duscht!
Naa: i war mords freindli und hab mi no kuscht.
Mei ganz Gred, des war bloß oa Dank und oa Lob,
daß i Gott sei Dank d' Hosn jetz wieder hob.
Ois Aufgwachta war i dann fuchsdeifiswuid.
Da dro san bloß die mim Lenor-Flaschl schuid!
Drum hab i mir vorgnumma – wirkli, i schwör –
daß i so schnell gwiß nimmer Werbefunk hör.

A bißl Nostalgie

Draller übers Pflaster dreim;
auf a Pfenningbrause schbeim;
deischln: Zigarettnbuidl
gega Erdal-Mütznschuidl;
Judnstrick ganz hoamli raucha,
freche Hund' im Voiksbod daucha;
ganz vorn am Rasierplatz sitzn,
Angst fürn Harry Piel ausschwitzn
– war des billig! Und so schee!
Heit brauchst scho an BMW . . .

Städtische Dirnenhäuser

D' Stadt München mecht a Dirnenhaus.
D' Regierung sagt: „Da werd nix draus."
's Motiv dazua sei zwar ned niedrig,
doch waar 's Projekt ebn sittenwidrig.
Wo hi damit, is jetz die Frag
hoid wieder, wia seit Jahr und Tag.
Mei Beitrag zu der Diskussion:
Wia waar's denn na mit da Region?
Wenn i dort umanandaschaug,
sticht mir Dirnismaning ins Aug!

Traumberuf

Wenn Sie oan fragn, was er gern waar,
hoaßts oft: „A Fuim- und Fernsehstar!“
I waar auf so was ned versessn:
heid „in“ – und morgn vielleicht vergessn.
Bloß oan kenn i, der a Pfunds-Mo is,
der scho so lang i woaß vorn dro is:
Lu Tennant hoaßt a. Sie wern lacha:
bei dem daad i a Ausnahm macha!
Jetzt sagn S’ ma bloß, den kennan S’ ned
und daß a nia im „Gong“ drin steht.
Er kummt – da spitzn S’ nur Ihr Ohr –
in jedm Ami-Krimi vor.
Lu Tennant is jedsmoi dabei.
Der Mo muaß Geld ham, mehr wia Hei!
Drum waar i bloß gern Fernsehstar,
wenn i da Herr Lu Tennant waar.

Geschmackswandel

Am Marienplatz, die schiachn neia Lampn,
wißts scho: die mit ihre mordstrumm Muichglaswampn.
Er hat wirkli recht, mei oida Freund, da Pangerl:
des san Weißwurschtschüssln auf am Breznstangerl.
So hab i – des sag i eich ganz unumwundn –
bis jetzt oiwei des moderne Zeigs empfundn.
Doch da les i neilich in da Zeidung drin,
drübn in London waarn so Lampn aa ganz „in".
Und für d' Carnaby-Street ham sie S' bei uns bstellt,
weil des grad was waar, was eahna dort no fehlt.
Seit i des woaß, oiso da – bedenk i's recht –
find i unsre Lampn wirkli gar ned schlecht.

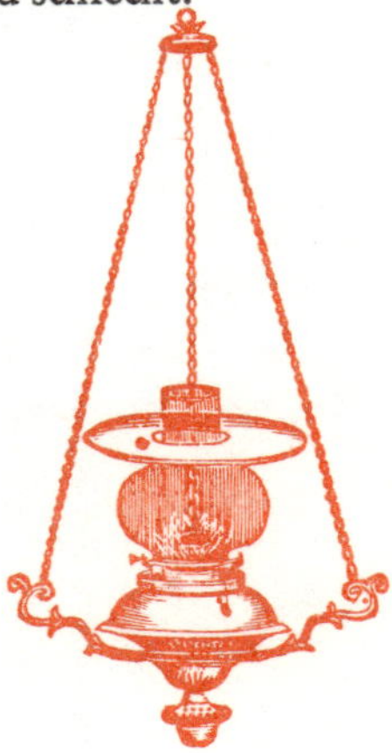

Nette Zimmerwirtin

Der Junggeselle Huber Simmerl
bemüht sich um ein freies Zimmerl,
drum kommt er zu Frau Kugelstadt,
die eines zu vermieten hat.

„Sie ham mit mir koan Ärger net,
i geh schee zeitig in mei Bett.
Bloß manchmoi daad i hoid gern singa.
Derf i mei Glampfn aa mitbringa?"

So avisiert sich brav und bieder
Herr Huber als ein Freund der Lieder
und zeigt auch – hoffend, sie hört's gern –
ihm steht das Liderliche fern.

Die Antwort ist (trotz Mißverständnis)
zur Herzensgüte ein Bekenntnis:
„Ihr Glampfn sagn S', so so – ja mei,
na stell i hoid no a Bettstatt nei."

Olympia-Wolke

Voller Schaf' und voller Schimmi
is fast jedn Tag da Himmi.
Tausnd Buidl – wasd da denkst,
siehgst, wennst da dein Kopf varrenkst,
drobn spazierngehst mit de Augn.
Und koan Pfenning zoist fürs Schaugn.

Doch da gibt's oan, der den Dunst
seinerseits vakafft ois Kunst.
Laßt a oanzigs Wölkerl throna,
Kosten: oanahoib Milliona.
Sehgn kannst's am Olympiafeld,
zahlt werd's von deim Steiergeld.

Is des ned so, wia wenn wer hockad
in da Sahara und dort lockad:
„An Wüstnsand kennt's von mir ham,
an Tausnder kosts Kilogramm!"?
Doch koana kafft in da Sahara.
(Und i versteh's aa, denn: bläd waar a!)

Erinnern S' Eahna no?
oder
Erinnern Sie sich noch?

Prinzessin Margaret in München

„Oiso naa“, moant da a Mo,
„wia ma nur so bläd sei ko
zwengs der Gretl drübn vom Tower.“
Und er schaugt dabei stocksauer.
„Recht hast“, sagt sei Oide, „Vatta,
überoi a soichs Theatta:
ob vorm Rathaus, ob beim Konen
– wo s’ aa war, mords Ovationen.
Jeder gafft vor Neigier hi,
ois waarn mir no Monarchie.“
„So hat hoid die Presse gschriebn,
da werd aa oft übertriebn“,
mischt si oana ins Gespräch.
Doch da hat a leider Pech:
„Nix, koa Übertreiberei
– mir warn überoi dabei!“

Weihnachten '73

Ned (Ku)weit weg von Bethlehem,
ham s' uns a Botschaft übergebn,
die – kurz vor'm Fest no, blumendraht –
fei alle sauber aufgscheicht hat:
„Schreit 's Abendland aa ‚Allah-hand!'
– statt Öl gibt's bloß no Wüstensand!"
Des is, auf boarisch gsagt, da Text.
Da huift koa Jammern, koa „Mi leckst . . .",
da hoaßt's: a bisserl leiser tretn,
ned bloß as goidne Koib obetn,
wo so scho lang da Dümmste spannt,
daß des amoi in' Grabn führn kannt.
Jetz, unterm Öl-Druck, geht's wia gschmiert:
a Scheich schafft o – es werd pariert.
As Schwerste is hoid doch im Lebn:
sich selber a Kommando gebn.

Weltstadt

15. Dezember 1957

Thomas Seehaus heit geborn,
millionster Münchner worn.
Jessas, is da des a Freid
– doch zur Weltstadt fehlts no weit!

19. Oktober 1971

Unterm Rathaus – hörts as brausn –
duad die erste U-Bahn sausn.
Jessas, is da des a Freid
– doch zur Weltstadt fehlts no weit!

26. August 1972

Aufmarsch der Olympionikn,
die s' aus aller Welt herschickn.
Jessas, is da des a Freid
– doch zur Weltstadt fehlts no weit!

20. Januar 1973

A Premier im Schauspielhaus:
oane ziagt si nackert aus,
richtig nackert, hint und vorn
– endlich samma Weltstadt worn!

WM

Hast jetz an Stift, an so an Tropf,
der – nix ois wia an Ball im Kopf –
zur Zeit bloß ois vermurkst, versaut,
dann wer ned laut,
's liegt bloß an dem:
WM

Hast du a Klaß, die sonst wia gschmiert
ihr Zeigl ko, si präpariert
– grad jetz ned, dann druck oa Aug zua
und laß' in Ruah;
's liegt bloß an dem:
WM

Hast jetz an Mo, der wia eipflockt
mim Flaschl Bier vorm Buidschirm hockt,
der di gar ned zur Kenntnis nimmt,
sei ned verstimmt;
's liegt bloß an dem:
WM

Bist du wo Chef, wo s' nachmittag
zum Dokta miassn, zehn am Schlag,
und schwörn, daß sie 's ned ändern kenna
– de wern sie brenna!*
's liegt bloß an dem:
WM

* Anmerkung: Bei evtl. Nachdruck in einem Gewerkschaftsblatt kann diese Zeile durch die arbeitnehmerfreundlichere „na laß hoid renna!" ersetzt werden.

Ölkrisen-Gschaftler

Sie übn si im Verzicht,
doch bloß dort, wo ma's siecht.
Da oa, der fegt di o:
„Was – Sie fahrn oiwei no
mim Auto in Ihr Gschäft?"
Da ander wieder kläfft:
„Beim Nachbarn drübn, beim Renna,
duad 's Liacht andauernd brenna.
Mei Tip: fürs ganze Haus
um neine d' Sichrung raus!"
Da dritte woaß: „Beim Pfister,
da ham's glei zwoa Kanister
ins Kellerabteil gstellt.
A soichana ghert gmeldt!"

Moral:
's gibt, seit da Ade staad is
koan Hauswart mehr im Haus,
doch oa, die sagn „Gern daad i's"
– die sterbn bei uns ned aus.

Komet Kohoutek

Des is vielleicht a scheene Gschicht:
Obwoi ma 'n überhaupts ned siecht,
kriagn d' Leit vor lauter Schaugn und Schaugn
scho beinah alle Batzlaugn!

Ob zwengs dem Stern aa jeder roasat,
wenn der ned grad Kohoutek hoaßat,
nach seim Entdecker, drübn in Prag
– des moan i, waar doch erscht die Frag!
Waar's beispuisweis a Huaba gwesn,
der 'n zerscht gsehng hätt, und du daadst lesn:
„Da Huaba kummt jetz auf uns zua“,
daadst sagn: „Geh, laß ma doch mei Ruah!“
Kohoutek aber klingt phonetisch
scho ungeheierlich kometisch.
Ganz bsonders, weil du ja ned woaßt,
was so a Wort auf boarisch hoaßt.

's geht hoid auf dera Welt Kometen
grad so wia Fuimstars und Propheten:
an Nama braucha s', zum Vakaffa,
– mit „Huaba“ bringst d' Leit ned zum Laffa.

Drucker-Streik

(Ein morgendlicher Ehe-Dialog)

Er:
„Drei Tag lang koa Zeitung – de ghern doch glei ghenkt!
Des Bladl, des fehlt oam doch mehr, ois ma denkt.
Da stirbt a Bekannter, passiert was im Sport
– doch erfahrn duasd koa Wort!“

Sie:
„Ja, schimpf di nur aus, denn du hast ja ganz recht.
Doch muaß i dir oans sagn: i finds ned so schlecht.
Jetz redst du doch aa beim Kaffee in da Friah
amoi wieder mit mir.“

Spione

Des is doch wirkli allerhand!
Naa, ned amoi vorm Willy Brandt
macht ma an Hoit drübn in da Zone.
Schickt eahm ins Kanzleramt Spione!
Da Meierin werd glei ganz hoaß,
denn plötzli foit ihr ei: „Wer woaß
– beim Nachbarn drübn, as Freilein Hieber
fahrt aa jeds Jahr nach Sachsen nieber.
Angeblich hats da drübn an Bruada.
Und mir duads schee ins Gsicht, des Luada!
I sag ab jetz – des schwör i mir –
nix mehr ois wia ‚Griaß Gott' zu ihr.
Jeds Wörtl mehra waar z' riskant
– mei' Mo is schließlich Offiziant!"

Rotgelbe Weißwursthäute

(oder Jaumanns China-Bericht)

Ham Sie 's aa in da Zeitung glesn:
Da Jaumann war bei de Chinesn
und hat vo dene drübn erfahrn
(was i jetz sag, is fei koa Schmarrn):
Schiabn mir a Weißwurscht uns ins Mäu,
stammt d' Haut vom Mao seine Säu!
Da fleischgewordne Münchner Charme,
umhüllt von am Rotchina-Darm
– da schlagt's ned dreizehn, da schlagt's hundert!
(Waar's d' Gelbwurscht,
hätt's mi ned so gwundert.)

Heiße Höschen

„Heiße Höschen“ kummt am Ohr
von am Bayern komisch vor.
„Heiße Höschen“ klingt akrat
wia wenn si wer vorstelln taat,
der koa Hiesiger is, woaßt,
oana, der wo Höschen hoaßt.
Doch damit hab i net gsagt,
daß ma die bei uns net tragt.
Traudl, Emmi, Liesl, Roserl
– jede schlupft ins hoaße Hoserl,
weil beim Maxi-Look ganz gwiß
koam Verehrer hoaß worn is.

 ISBN 3-475-52105-9
Dieses Buch erscheint in der Reihe »Kleine Rosenheimer Raritäten« im Rosenheimer Verlagshaus Alfred Förg, Rosenheim. Gedruckt wurde es bei Hieronymus Mühlberger, Augsburg, und gebunden von Hans Klotz, Augsburg. Den Umschlag gestaltete Ulrich Eichberger, München, (Zeichnung: Eduard Thöny).